40 X
55-3

GRAND
ALPHABET

TEXTE ET DESSINS

PAR

G. GAULARD

PARIS
134, Rue de la Tombe-Issoire, 134

1890

A - NES

A - NES

L'âne est un animal utile, sobre, patient et travailleur quand on ne le presse pas trop. Il est facilement paresseux et entêté et son nom n'est pas un compliment.

On donne souvent le nom d'ânes, (ce qui n'est pas poli, ni pour l'animal ni pour la personne à qui on s'adresse) à des gens ignorants et entêtés qui poussent ces deux défauts souvent plus loin que l'animal dont le nom est devenu une injure.

L'âne proprement dit, est cependant susceptible d'éducation et même d'instruction, puisqu'il y a des ânes savants. Il est vrai qu'il y a partout des réputations usurpées.

BI - QUETS

BI - QUETS

Les biquets sont les petits de la chèvre, que vous pouvez voir gambader autour d'elle, à l'époque où elle donne du bon lait.

Dans les pays de montagnes où les chèvres sont la seule richesse, on les élève avec soin et l'on en forme de grands troupeaux, que les bergers mènent paître le long des précipices ; on en amène jusqu'à Paris où le lait se vend avec avantage.

Dans nos pays de plaines où l'on nourrit de belles vaches, on tient moins à la chèvre et après s'être amusé et diverti des ébats des chevreaux, qui sont toujours fort gracieux, on les mange, généralement rôtis. Ils sont fort bons.

CA - NARDS

CA - NARDS

Le canard est un animal fort utile, facile à nourrir, excellent à manger. Tous les canards n'ont pas des plumes et beaucoup qui barbottent dans les mares sans permission, méritent le nom de canards, sans en avoir les qualités ci-dessus.

Nous trouvons aussi au C : Caniche, chien renommé pour sa fidélité, (on dit fidèle comme un caniche). On dit aussi : bête comme une oie, et comme l'oie se nourrit aussi bien et échappe autant à ses ennemis que qui que ce soit, nous pensons qu'il faut mettre les 2 proverbes en doute et croire qu'il y a des caniches non fidèles comme des oies intelligentes.

DAIMS

LE DAIM

Le Daim, autrefois très répandu dans nos forêts, en a aujourd'hui complètement disparu. On ne le trouve plus que dans les parcs, les réservés : très répandu en Angleterre il fait l'ornement des grandes pelouses de châteaux.

C'est un animal de luxe, quoi qu'on ait proposé de l'élever pour sa chair : trop cher et pas assez utile, il disparaîtra un jour complètement de l'Europe occidentale.

Nous avons aussi : Dindon, animal utile par excellence, animal de basse-cour ; on le trouve en tous pays, avec des variétés dans la race comme l'oie et le canard.

Le dindon, vaniteux et facilement colère, jouit d'une réputation morale inférieure ; son nom se place à côté de plusieurs défauts graves.

É - CU - REUILS

L'É - CU - REUIL

L'écureuil est le plus joli quadrupède de petite taille de nos forêts. Presqu'un oiseau par sa grâce et sa légèreté, il a tous les défauts du rat auquel il resssemble malheureusement. Il détruit les pousses des arbres, la tête des jeunes pins, mange les œufs d'oiseaux, faisans, perdrix, etc., ronge un peu partout sans grande utilité.

Sa gentillesse ne le fait pas épargner des gardes qui connaissent ses méfaits, et en font (des écureuils) d'excellents civets.

Quelques personnes, plus inhumaines, les mettent en captivité dans un appareil barbare, où ils vivent rarement et mal. En demi-liberté dans un parc, ils s'apprivoisent assez bien, mais gagnent assez souvent le large.

FLAM - MANTS

FLA - MANTS

Le flamant est le plus bel oiseau de l'Europe. On ne l'y trouve guère en France que dans les marais de la Camargue, mais il habite les marais, les lacs et les côtes de toute l'Europe méridionale.

Les flamants vivent en troupes, gardées par une ou plusieurs sentinelles. Ils se livrent à la pêche des mollusques, des insectes de vase et aussi du frai de poisson.

On ne les chasse pas pour leur chair qui est médiocre et dans beaucoup de pays on les laisse vivre comme ornement, comme les mouettes dans les ports.

Très répandus en Égypte ils font dans les eaux bleues et limpides de la côte un effet charmant.

GI - RA - FES

GI - RA - FE

La girafe est le plus drôle et le plus dégingandé des animaux. Il est la caricature de la gazelle, du cheval, presque du dromadaire, qui n'est déjà point beau par lui-même.

Ses membres énormes indiquent une force qui pourrait être utilisée (en Afrique son pays d'origine) au moins pour le service du trait. Son dos en pente, s'oppose à l'essai de la selle,

La girafe vit par petites troupes, et est un animal assez rare. On la poursuit pour la curiosité ; on la tue, un peu pour sa chair, pour sa peau, surtout pour la tuer. Elle pourrait très bien s'employer ; sa tête annonce la docilité, sa vitesse est grande, sa force prodigieuse.

HA - QUE - NÉE

Les haquenées étaient autrefois de petits chevaux fins, blancs généralement, allant l'amble ou un pas doux, et destinés au service des dames.

A l'époque où les moyens de communication n'existaient pas, l'usage du cheval était plus répandu que de nos jours, et plus perfectionné, à coup sûr, pour la commodité de chacun.

Les chevaux arabes feraient encore d'excellentes bêtes pour ce genre de service. La France ne produit plus de chevaux spéciaux de cette espèce.

Les haquenées, montures de route et de promenade, allant l'amble ou le pas relevé, pouvaient fournir de longues traites, fort agréablement et sans fatigue pour la monture ni le cavalier.

I - BIS

L'I - BIS RO - SE

Oiseaux sacrés des Égyptiens, partageaient avec le crocodile, les honneurs des anciens temples et des Pyramides.

Très familiers avec ces monstres, ils leur montent sur le dos, y dorment, (dit-on) posés sur une patte, vont même jusqu'à chercher dans la gueule redoutable, les insectes, les sangsues, qui s'y sont logés et incommodent fort le saurien qui ne saurait s'en débarrasser et, qui les laisse, (dit-on) faire avec béatitude, étendu sur le sable au soleil, la mâchoire toute grande ouverte : spectacle curieux et qui dénote un instinct de raisonnement que la physionomie du crocodile n'annonce pas au premier abord.

KAN - GOU - ROUS

LE KAN-GOU-ROU

Animal bizarre, inconnu il y a 50 ans, natif de l'Australie ; sorte de gerboise ou de lapin géant, est un gibier très apprécié dans les contrées qu'il habite. On le chasse à cheval, avec de forts chiens, comme le sanglier.

Très rapide sur ses longues jambes, il gagne du terrain par des bonds prodigieux, et acculé, poussé à bout, devient dangereux par les ongles formidables qui ornent ses pieds de derrière, et avec lesquels il éventre les chiens et blesse les hommes.

Le kangourou paraît peu intelligent, sa conformation bizarre le rend impropre à tout service, malgré sa taille et sa force.

LION LÉ-O-PARDS

LI-ON   LÉ-O-PARD

Le léopard ou panthère[1] est un terrible et superbe animal, très commun en Asie ; sa peau magnifique le fait chasser avec ardeur et la race décroît tous les jours dans les contrées habitées. Il n'y a pas grand mal à cela, car il se nourrit facilement de la nôtre et il est juste de prendre les devants.

Le lion que nous trouvons à la même lettre a également les mêmes défauts, et quoique le Roi des Animaux, devra disparaître devant l'homme, désireux de se débarrasser de sa rivalité et de ses déprédations, parmi les animaux sauvages et les animaux domestiques.

(1) Rien ne distingue en histoire naturelle le léopard de la panthère et les deux races paraissent n'en faire qu'une.

MU - LET

MU-LET

Le mulet dont le nom est synonyme d'entêtement, mérite amplement sa réputation.

Certaines races, celles d'Algérie surtout, élevées comme les chevaux du même pays au sein de la famille, sont dociles et obéissantes; mais la majorité de l'espèce n'entend pas être ni surchargée ni surmenée, elle refuse de passer les ruisseaux, se méfie des ponts et dans les cas où sa méfiance ou sa paresse se trouvent éveillées, se ferait tuer plutôt que de céder.

D'un pied sûr, d'une grande dureté ils rendent cependant dans les pays difficiles d'inappréciables services, mais leur réputation n'est plus à faire et leur nom n'est jamais un compliment.

NYL - GAUTS

NYL - GAUT

Le nyl-gaut ou nyl-ghau bœuf bleu des Hindous, est une antilope de haute taille, de pelage gris bleu ardoisé.

On a souvent pensé à utiliser sa force et même sa chair. Les essais d'acclimatation jusqu'à présent n'ont point réussi, et longtemps encore les nyl-gauts erreront en liberté dans les forêts indiennes.

Il faut perdre l'espoir de les voir traîner d'élégants véhicules : leur conformation cependant s'y prêterait parfaitement. On avait songé comme pour les daims en Angleterre à en faire des animaux de boucherie, mais le haut prix de revient a vite fait abandonner cette tentative d'approvisionnement trop luxueuse.

OURS

OURS

L'ours est un animal calomnié. Frugivore, bon père de famille, économe, il remplit simplement les fonctions pour lesquelles il a été créé.

Les hommes le recherchent pour sa graisse et sa peau, et son nom est devenu synonyme de misanthropie (misanthrope, qui haït les hommes); c'est un ours, veut dire un être qui ne veut se laisser approcher par personne et est peu causeur

Ce sentiment nous semble naturel chez cet animal et nous l'en félicitons hautement.

Ni les flatteries les plus délicates, ni aucune gloire, ne valent les sacrifices qu'on lui demande. Comme on ne le recherche que pour le manger, lui et ses petits, il a absolument raison de s'écarter.

PO - NEY

PO - NEY

Le poney est un joli petit cheval, originaire des pays froids : Islande, Shetland ; ou des pays chauds Chine, Cochinchine, Malaisie ; ils sont aujourd'hui fort répandus, et sont la joie des enfants et la providence du petit commerce.

Robustes, agiles, durs à la fatigue, ils péchent quelquefois comme tous les animaux de petite taille, par le caractère qui est souvent chez eux inégal et quinteux, pour ne pas dire mauvais,

Bien traités, cependant ils sont fort familiers et d'un bon service ; mais deviennent alors souvent paresseux.

On trouve de bons poneys en France, en Normandie, dans le Cotentin.

QUA - DRU - MA - NES

QUA-DRU-MA-NES

Les singes (quadrumanes, animaux à quatre mains) sont la caricature de l'homme, dont ils ont tous les défauts, sans en avoir aucune qualité.

Leurs grimaces sont célèbres, leurs tours innombrables. Gourmands, voleurs et malfaisants : quelques espèces passent pour douces et susceptibles d'attachement. On a essayé quelquefois dit-on d'apprivoiser des orangs, singes de grande taille.

Ils font la joie des enfants par leurs tours drôles et souvent de mauvais goût, mais leurs malices et même leur malpropreté, les rendent peu intéressants.

Les singes, animaux des pays chauds, ne s'acclimatent point parmi nous et périssent rapiment d'affections de poitrine,

RHI-NO-CÉ-ROS

RHI-NO-CÉ-ROS

Le rhinocéros est le dernier monstre de notre globe. Difforme, sans intelligence, inutile, il est destiné à périr au fur et à mesure que l'homme viendra habiter les contrées où il règne encore solitaire.

D'un caractère ombrageux et irritable, il se jette facilement sur le passant et sa rencontre est fort redoutable.

Si le passant est un chasseur qui l'a blessé le danger est plus grand encore, car il n'oublie pas facilement, et si l'imprudent ne trouve rapidement un arbre des plus gros et des plus vieux il est sûr d'être foulé aux pieds ou traversé par la terrible corne.

Il y a des rhinocéros blancs et des noirs, à deux cornes et à une seule.

SAN - GLI - ER

SAN - GLI - ER

Le sanglier jouit comme l'ours d'une réputation d'insociabilité méritée : il a les mêmes raisons que l'habitant des montagnes de se défier des hommes.

Sa chair est excellente, et ses petits (marcassins) ont eu de tout temps une grande réputation sur toutes les tables. Ces raisons ne le touchent point et il vit au plus profond des fourrés, toujours en familles unies et de bon accord, à part quelques coups de boutoir inévitables dans les meilleures.

Pris jeune, il est très familier, de relations agréables, mais devient rapidement gênant par sa taille et ses allures brusques qu'il ne sait point modérer ; cela devient alors un prétexte pour le manger.

TI - GRE

LE TI-GRE

Le tigre, est peut-être le plus redoutable des grands carnassiers. Plus long et plus leste que le lion, plus fin d'odorat et plus rusé, grimpant partout, il est redouté partout où il a élu domicile. Il pénètre dans les villages de l'Indo-Chine, comme le lion dans les douars arabes et en sort avec une proie humaine, au lieu d'un mouton que prélève ce dernier.

Encore très-commun dans l'Inde et dans l'Indo-Chine, il est cependant de plus en plus relégué dans les marais et les forêts vierges.

Comme tous les animaux, grands et petits d'ailleurs, il fuit le voisinage de l'homme. La nuit seule le rend hardi, et il s'approche alors des habitations.

U - RU - BU

U - RU - BU

L'urubu, le vautour de Cayenne, est le cantonnier des villes de l'Amérique Centrale.

Moitié aigle, moitié vautour, il se tient au repos, les ailes étendues pour les sécher comme les aigles de nos monnaies ; sa démarche lourde et l'habitude de ne s'attaquer qu'à des proies mortes, le classent bien parmi les vautours.

Ces peu appétissants volatiles se livrent dans les rues des combats drolatiques, que les passants n'interrompent point. Ils disputent à un chien, à un domestique, les débris des cuisines, quelquefois avalant chacun par un bout le même morceau, refusant de lâcher et restent attachés jusqu'à rupture de l'objet en litige, rupture qui est longue quelquefois à venir, dans cet état ils font la joie des gamins.

VAU - TOUR

VAU - TOUR

Le vautour est un des plus laids et des plus répugnants animaux de la création. Il se nourrit principalement de viandes mortes, de cadavres ; mais, pressé par la faim ou tenté par l'occasion, il attaque facilement de faibles animaux dont il fait sa proie.

Les vautours de grande taille, dépassent trois mètres d'envergure, c'est-à-dire les ailes étendues.

Le vautour, très-commun dans l'Amérique du Sud, se nomme le condor, c'est le plus grand des oiseaux après l'autruche, qui ne vole point.

Le condor s'élève aux plus grandes hauteurs de l'atmosphère, où il ne paraît plus qu'un point imperceptible.

O - RYX

O - RYX

L'oryx, est une belle antilope des environs du Cap de Bonne Espérance, ou tout au moins du sud de l'Afrique.

Elle a un peu la forme d'un âne et d'un poney, et galope fort bien. Sa tête est blanche avec des raies noires qui simulent une bride, elle a de même une queue de cheval fort touffue. Ses cornes longues, droites et dures, sont formidables ; elle passe pour s'en servir fort bien dans les combats. On prétend même avoir vu des lions attaquant de ces troupeaux d'antilopes, rester frappés à mort, traversés par les cornes mêmes de leurs victimes qu'ils n'avaient su éviter.

YACK

Les yacks sont les bœufs de la Chine, du Nord et de la Tartarie, leur poil long et soyeux, sert à faire des châles et des tapis ; leur queue est l'étendard des Kans tartares et des Pachas turcs. On appelle ces insignes improprement queues de cheval.

Le Yack, comme presque tous les bœufs sauvages, porte une forte bosse graisseuse sur le dos. On rencontre les yacks à l'état sauvage dans les hautes vallées du Thibet. Ils n'habitent point les contrées trop chaudes, où ils sont remplacés par des bœufs à poil ras, de toute petite espèce.

ZÉ - BU

ZÉ - BU

Le zébu est le bœuf de l'Inde et de l'Afrique orientale. Cet animal précieux, souple, docile sert aux transports, au labourage et aussi à la selle ; dans les voyages, il n'est pas rare de rencontrer une famille d'Indiens, juchés à trois ou quatre sur la bonne bête.

Le Zébu d'Abyssinie, a des cornes qui dépassent un mètre de hauteur.

La race des zébus, répandue depuis le sud de l'Égypte jusqu'au cap de Bonne-Espérance et dans toute l'Inde, présente partout les mêmes caractères et les mêmes qualités.

Alphabet

A	B	C	D	E	
a	b	c	d	e	
F	G	H	I	J	
f	g	h	i	j	
K	L	M	N	O	
k	l	m	n	o	
P	Q	R	S	T	
p	q	r	s	t	
U	V	W	X	Y	Z
u	v	w	x	y	z

Voyelles

A	E	I	O	U	Y
a	e	i	o	u	y

Consonnes

B	C	D	F	G
b	c	d	f	g
H	J	K	L	M
h	j	k	l	m
N	P	Q	R	S
n	p	q	r	s
T	V	W	X	Z
t	v	w	x	z

Syllabes

BA	be	bi	bo	bu
CA	ce	ci	co	cu
DA	de	di	do	du
FA	fe	fi	fo	fu
GA	ge	gi	go	gu
HA	he	hi	ho	hu
JA	je	ji	jo	ju
KA	ke	ki	ko	ku
LA	le	li	lo	lu

Syllabes

MA	me	mi	mo	mu
NA	ne	ni	no	nu
PA	pe	pi	po	pu
RA	re	ri	ro	ru
SA	se	si	so	su
TA	te	ti	to	tu
VA	ve	vi	vo	vu
XA	xe	xi	xo	xu
ZA	ze	zi	zo	zu

Mots d'une syllabe
TRAIN
LOUP
FEU

Mots de deux syllabes
DRA-GON
LA-PIN
TI-GRE

Mots de trois syllabes
CA-PO-RAL
LÉ-O-PARD
É-LÉ-PHANT

CHIFFRES

Ordinaires ou Arabes

1 2 3 4 5 6 7 8 9 10 11
12 13 14 15 16 17 18 19
20 30 40 50 60 70 80 90
100 200 300 400 500 1000

Chiffres Romains

I II III IV V VI VII VIII
IX X XI XII XIII XIV XV
XVI XVII XVIII XIX XX
XXX XL L LX LXX LXXX
XC C CC CCC CD D M

OUVRAGES DU MÊME AUTEUR

ALBUMS D'ANIMAUX

LIBRAIRIE JOUVET & Cie, 5, RUE PALATINE

1º Guilleri, histoire d'un cheval	1 f.	75
2º Le Père et la Mère Cadichon	1	75
3º Pelé le Sale	1	75
4º La Mère Cadichon et ses 4 enfants	1	75
5º Coco le Têtu	1	75
6º Porcinet et son cousin Marcassin	1	75
7º Histoire de Marcassin	1	75
8º Diane Prestaud, Rustaud et Boulotte	1	75

GRANDS

ALPHABETS

Grand Alphabet d'Animaux	2 f.	95
Grand Alphabet Militaire	2	95
Alphabets variés	2	95

Pour envois et renseignements, s'adresser chez l'Auteur :
134, RUE DE LA TOMBE-ISSOIRE — PARIS